DIREÇÃO EDITORIAL:
Pe. Fábio Evaristo Resende Silva, C.Ss.R.

COORDENAÇÃO EDITORIAL:
Ana Lúcia de Castro Leite

REVISÃO:
Ana Lúcia de Castro Leite

ILUSTRAÇÕES E CAPA:
Reynaldo Silva

DIAGRAMAÇÃO:
Bruno Olivoto

COLEÇÃO
SEMENTINHAS
DE FÉ
VOLUME 3

ISBN 978-85-369-0386-6

2ª impressão

Todos os direitos reservados à **EDITORA SANTUÁRIO** – 2016

Composição, CTcP, impressão e acabamento:
**EDITORA SANTUÁRIO** - Rua Padre Claro Monteiro, 342
12570-000 - Aparecida-SP - Fone: (12) 3104-2000

## APRESENTAÇÃO

A Editora Santuário, cumprindo sua missão catequética e evangelizadora, coloca ao alcance dos pais, catequistas e Comunidades a Coleção **Sementinhas de fé**. O projeto quer ser um subsídio que complemente e dinamize o processo catequético, oferecendo os principais elementos da fé cristã, numa linguagem simples e adequada à idade das crianças, que estão sendo iniciadas em sua vida de fé.

Os livros foram concebidos para serem bastante interativos, com ilustrações e tarefas que despertam o interesse da criança em explorar e conhecer os conteúdos que serão aprofundados na catequese. Portanto, os livros podem ser usados tanto no contexto da catequese formal, oferecida pelas Comunidades, como também pelos pais, pastorais e grupos que trabalham com crianças.

Há desenhos intencionalmente preparados para a criança colorir conforme sua percepção. É bom deixá-la colorir conforme seu desejo. Melhor o adulto não interferir, mas sim dar uma palavra de incentivo. Os catequistas ou os pais poderão ajudar a criança a penetrar cada página, mas jamais subtrair sua reflexão. Quando a criança fizer uma pergunta, essa jamais poderá deixar de ser respondida, e é bom lembrar que a resposta não deve ser além de sua pergunta.

Neste terceiro volume, intitulado **Espírito Santo, nossa paz**, será apresentada à criança a 3ª Pessoa da Santíssima Trindade, o Espírito Santo como o gerador da paz, Ele que é a vida de Deus em nós.

Desse modo, esperamos colaborar com a formação humana e cristã das crianças, ajudando os pais e catequistas a ter em mãos um material que os auxilie nesse compromisso de fé.

Tudo o que for para ajudar as pessoas, a começar pelas crianças, seja para a glória de Deus e de seu Filho Jesus Cristo. Assim seja.

*Pe. Ferdinando Mancilio, C.Ss.R.*

# ESPÍRITO SANTO, NOSSA PAZ!

Certo dia um grupo de crianças estava brincando no meio da rua. Todas as crianças estavam felizes. Aí, a vovó, que ia passando e não enxergava direito, perguntou:
"O que está acontecendo com essas crianças?"
E lhe responderam:
"Elas estão felizes e em paz!"
E a vovó continuou seu caminho também feliz por saber que as crianças estavam felizes!

O Espírito Santo é a felicidade porque Ele é o AMOR!
O amor sempre nos faz felizes!
O Espírito Santo é NOSSA PAZ!

O Espírito Santo é a TERCEIRA PESSOA da SANTÍSSIMA Trindade.

# A SANTÍSSIMA TRINDADE

Há um só Deus em três pessoas. O Espírito Santo é a TERCEIRA pessoa. Vamos compreender um pouquinho desse mistério.
Você vai compreender melhor o que é a Santíssima Trindade. VEJA:

Você conhece uma plantinha chamada TREVO? Pois é, essa planta chama-se TREVO = TRÊS, porque nascem num só caule três folhas, nem mais, nem menos: Apenas três!

Nosso corpo também tem três parte: Cabeça, Tronco e Membros. Mas você é uma ÚNICA pessoa e não três.

*Já dá para você entender: HÁ UM SÓ DEUS EM TRÊS PESSOAS!*

*Assim, as TRÊS PESSOAS da Santíssima Trindade:
Pai, Filho e Espírito Santo são UM SÓ DEUS!
O PAI todo é DEUS!
O FILHO todo é DEUS!
O ESPÍRITO SANTO todo é DEUS!
Foi Jesus quem nos ensinou essa verdade!*

PENSE UM POUQUINHO: SEUS PAIS SE AMAM. SEU PAPAI AMA SUA MAMÃE. SUA MAMÃE AMA SEU PAPAI. DESSE AMOR NASCEU VOCÊ! E MUITAS OUTRAS COISAS BONITAS ACONTECEM EM SUA FAMÍLIA POR CAUSA DESSE AMOR QUE EXISTE ENTRE SEU PAPAI E SUA MAMÃE.

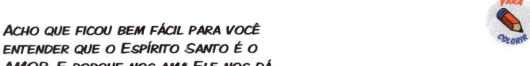

Acho que ficou bem fácil para você entender que o Espírito Santo é o AMOR. E porque nos ama Ele nos dá a PAZ! A paz significa VIDA, ALEGRIA, VONTADE DE VIVER!

## VAMOS REZAR:

Vem, Espírito Santo, vem morar em meu coração, para que ele fique sempre transbordando de amor e de bondade. Eu não quero fazer o mal para ninguém. Quero fazer somente o bem. Por isso, vem morar no meu coração, que ainda tem muito o que aprender. Só assim eu sei que serei feliz. Vem, Espírito Santo de Amor, vem morar em meu coração. Amém!

Tem muita violência no mundo, que rouba a paz das pessoas, das famílias. Quem não tem Deus no coração não faz o bem.
Quem não faz o bem pratica o mal!

POR ISSO, QUEM É DE DEUS PRATICA O BEM E *VIVE EM PAZ!*
O QUE VOCÊ QUER E PODE FAZER DE *BEM* E DE *BOM* NO MUNDO?
O FRUTO DO ESPÍRITO SANTO EM NÓS É O AMOR.
QUEM AMA FAZ O *BEM!*

# LEMBRE-SE:

COMO A PLANTA PRECISA DA ÁGUA PARA VIVER, NÓS TAMBÉM PRECISAMOS PRATICAR O AMOR VERDADEIRO PARA SERMOS FELIZES!

Agora, nós vamos VER E APRENDER quais são os FRUTOS do Espírito Santo. Eles são muito importantes para nossa vida aqui na terra e com Deus. Veja como são BONITOS os frutos do Espírito Santo, aos quais chamamos também de DONS. São eles:

SABEDORIA: escolher e acolher tudo o que é de Deus!

INTELIGÊNCIA: sentir e descobrir a presença de Deus em nossa vida, nos fatos e acontecimentos!

**CONSELHO:** AJUDAR AS PESSOAS A SE ENCONTRAREM E VIVEREM COM AMOR A DEUS E A SI MESMAS!

**FORTALEZA:** SER FORTE NAS SITUAÇÕES DIFÍCEIS OU NAS DIFICULDADES. É CONFIANÇA NO SENHOR!

**CIÊNCIA:** DESCOBRIR A PRESENÇA DE DEUS E APROFUNDAR-SE NA VIDA COM ELE!

**PIEDADE:** SER MISERICORDIOSO, SINCERO, HUMILDE E SERVIDOR. É O AMOR A DEUS E AOS IRMÃOS E IRMÃS!

**TEMOR DE DEUS:** AMAR A DEUS SEMPRE E PROCURAR CUMPRIR SUA VONTADE!

17

1. O dom da _____ me faz escolher e acolher o que é de Deus!
2. Descobrir a presença de Deus nos fatos e acontecimentos é ter o dom da _____!
3. Tem o dom do _____ quem ajuda as pessoas, no caminho de Deus!
4. Quem não desanima nas dificuldades nem abandona sua fé tem o dom da _____!
5. O dom da _____ me faz aprofundar em tudo o que é de Deus!
6. Vive o dom da _____ quem perdoa, é humilde, sincero e acolhedor!
7. Quem ama e cumpre a vontade do Pai do Céu tem o dom do _____!

# VAMOS REZAR:

Fique sempre comigo, ó Espírito Santo. Ilumine meu coração de criança, o coração do papai e da mamãe e de todas as pessoas que praticam o bem. Eu agradeço a todas as pessoas que respeitam, amam e ajudam as crianças. Tem gente grande que não respeita nem ama as crianças. Abençoe as pessoas que fazem o bem e as guarde em seu amor. Amém!

No dia em que você foi batizado ou batizada, você recebeu o Espírito Santo, como uma pequena semente. Quando a gente planta na terra uma pequena semente, ela começa a germinar, nasce, cresce e dá folhas e frutos.

No dia em que você for crismado ou crismada, o bispo fará o sinal da cruz em sua testa e dirá: "Recebe o Espírito Santo!". Agora você é jovem, por isso você vai ser crismada ou crismado.
De agora em diante Deus chama você para viver com alegria o batismo, por isso você foi confirmado ou confirmada nele, para dar muitos frutos para o Reino de Deus, como a semente que foi plantada na terra!

E VOCÊ QUER CRESCER NO AMOR DE DEUS E SE SANTIFICAR, FAZENDO O BEM, PRATICANDO O AMOR, E VIVENDO NA PAZ? ENTÃO DEIXE O ESPÍRITO SANTO AGIR EM SUA VIDA, EM SEU CORAÇÃO! ELE QUER MORAR EM VOCÊ! MAS, SE VOCÊ FECHAR O CORAÇÃO PARA ELE, NÃO TEM JEITO DELE MORAR EM VOCÊ!

## LEMBRE-SE:

O Espírito Santo é a terceira pessoa da Santíssima Trindade! Ele é o Amor eterno de Deus! Nós o recebemos no Batismo e na Confirmação! Ele nos santifica, se fizermos o bem e vivermos no amor! Ele é a luz que ilumina nossa vida!

## REZE ASSIM:

Espírito Santo de Deus,
venha me iluminar!
Espírito Santo de Deus,
venha me santificar!
Espírito Santo de Deus,
venha me guiar!
Espírito Santo de Deus,
venha me guardar!
Espírito Santo de Deus,
dê-me um coração bonito,
simples e humilde!

Amém!

Um dia, os Apóstolos, que eram os amigos de Jesus e o seguiram bem de perto, receberam o Espírito Santo, que Jesus havia prometido.
Foi assim: Eles estavam reunidos e o Espírito Santo veio como que em línguas de fogo sobre eles. Fogo que é luz. Não é o fogo que queima! Eles ficaram felizes e cheios de coragem e saíram pelo mundo afora pregando o Evangelho de Jesus.

SABE QUEM ESTAVA LÁ, JUNTO DELES?
NOSSA SENHORA, A MÃE DE JESUS.
ELA CONCEBEU JESUS POR OBRA DO ESPÍRITO SANTO.
E JESUS NASCEU ENTRE NÓS. É O FILHO DE DEUS
E NOSSO SALVADOR.

NOSSA SENHORA É A ESCOLHIDA DE DEUS PARA SER A MÃE DE JESUS, POR ISSO NEM EU NEM VOCÊ PODEMOS DELA NOS ESQUECER.

Assim, vamos rezar juntos a oração que Nossa Senhora tanto gosta:

Ave, Maria, cheia de graça, o Senhor é convosco, bendita sois vós entre as mulheres e bendito é o fruto de vosso ventre, Jesus! Santa Maria, Mãe de Deus, rogai por nós, pecadores, agora e na hora de nossa morte. Amém!

Faça com suas palavras uma oração bem bonita a NOSSA SENHORA:

Nossa Senhora guarde você no coração materno dela!

É O ESPÍRITO SANTO QUE NOS SANTIFICA! ELE É A VIDA DE DEUS EM NOSSA VIDA! ELE NOS GUIA E NOS CONDUZ PARA BEM JUNTO DE JESUS! NELE, VIVEMOS ALEGRES E FELIZES!